Teithio drwy hanes

Jon Gower

© CAA Cymru 2020
CAA Cymru – un o frandiau Atebol

Argraffiad cyntaf 2018
Ailargraffiad 2020
Trydydd argraffiad 2021

Cyhoeddwyd yng Nghymru yn 2020 gan CAA Cymru, Adeiladau'r Fagwyr,
Llanfihangel Genau'r Glyn, Aberystwyth, Ceredigion, SY24 5AQ

www.atebol.com

Dymuna'r cyhoeddwyr gydnabod cymorth ariannol Cyngor Llyfrau Cymru.

Golygu: Delyth Ifan ac Eirian Jones
Dylunio: Richard Huw Pritchard ac Owain Hammonds
Argraffwyd a rhwymwyd yng Nghymru gan Wasg WPG, Y Trallwng, Powys

ISBN: 978-1-84521-687-0

Diolch i'r canlynol am eu caniatâd i atgynhyrchu eu ffotograffau:
Fflur Davies – tud. 13 (Castell y Bere)
Prifysgol Aberystwyth – tud. 18 (Yr Hen Goleg)
Richard Huw Pritchard – tud. 2 (Erddig), tud. 9 (Portmeirion),
tud. 18 (Llyfrgell Genedlaethol Cymru), tud. 21 (Tyddewi),
tud. 30 (Abaty Tyndyrn), tud. 37 (Y Senedd)

Cynnwys

Mynydd Parys

Castell Caernarfon
Amgueddfa
Lechi Cymru
Gresffordd
Erddig
Tre'r Ceiri
Pontcysyllte
Portmeirion
Castell Harlech

Castell y Bere

Senedd-dy
Owain Glyndŵr

Yr Hen Goleg
Llyfrgell
Genedlaethol
Cymru

Soar-y-mynydd

Pentre Ifan
Llyn Syfaddan

Tyddewi
Castell Carreg
Cennen
Hendy-gwyn

Blaenafon

Abaty Tyndyrn

Ynys Bŷr
Caerllion
Ogof Pen-y-fai
Gwesty'r Westgate
Y Deml Heddwch
Sain Ffagan
Neuadd y Ddinas
Castell Caerdydd
Y Senedd

Erddig, **ger** Wrecsam

Mae'r **newyddiadurwr** Simon Jenkins yn **disgrifio** Erddig fel 'gem fawr yng **nghoron** tai cefn gwlad Cymru'. Dydy Erddig ddim mor **drawiadol** â Chastell Powis. Dydy e ddim mor gyffrous â gwylio tân gwyllt yng Nghastell Caerdydd. Beth sydd yn Erddig ydy'r teimlad bod pobl go iawn wedi byw yma. Mae'r hanes yn dod yn fyw i ymwelwyr.

Dyma'r hanes **yn gryno**: gaeth Joshua Edisbury ei wneud yn **Uchel Siryf** Sir Ddinbych yn 1682. Fe **benderfynodd** e wario arian mawr ar dŷ crand. Cyn hir roedd Joshua druan yn dlawd fel **llygoden eglwys**! Gaeth Erddig ei werthu i un person ar ôl y llall. **Cyfreithiwr** o'r enw John Mellor wnaeth newid yr adeilad o fod yn gartref cefn gwlad i fod yn gartref crand. Fe wnaeth e hyn cyn i deulu newydd yr Yorkes gyrraedd. Wrth gerdded o amgylch Erddig, gallwch weld sut roedd teulu'r Yorkes a'u staff yn byw – roedd y **stad** yn **cynnal** ei hun, gyda stabl a **hufenfa**, **becws**, **gefail** a chegin **enfawr**. Un o'r pethau hyfryd am deulu'r Yorkes oedd eu bod yn ysgrifennu **cerddi** byr, ysgafn am eu cartref. Roedden nhw hefyd yn ysgrifennu cerddi byr am y bobl oedd yn gweithio ar y stad. Gallwch chi weld y cerddi hyn wrth gerdded ar hyd y stad. Hefyd, fe welwch chi fod **portreadau** o'r **gweision** ar y waliau, sy'n **awgrymu** bod teulu'r Yorkes yn bobl **deg** ac arbennig.

ger – *near, close to*	**newyddiadurwr** – *journalist*
disgrifio – *to describe*	**gem** – *jewel*
coron – *crown*	**trawiadol** – *striking*
yn gryno – *briefly, concisely*	**uchel siryf** – *high sheriff*
penderfynu – *to decide*	**llygoden eglwys** – *church mouse*
cyfreithiwr (cyfreithwyr) – *lawyer(s)*	**stad** – *estate*
cynnal – *to maintain, to sustain*	**hufenfa** – *dairy*
becws – *bakehouse*	**gefail** – *smithy*
enfawr – *enormous*	**cerdd(i)** – *poem(s)*
portreadau – *portraits*	**gweision** – *servants*
awgrymu – *to suggest*	**teg** – *fair*

Erddig, ger Wrecsam

Pontcysyllte, ger Llangollen

Pontcysyllte, ger Llangollen

Os dych chi eisiau cael llond bol o ofn, yna croeswch **draphont ddŵr** Pontcysyllte. **Uchder** y bont ydy 38 metr. Ar un ochr mae llwybr a **rheiliau** i wneud i'r **teithiwr** deimlo'n **ddiogel**. Ar yr ochr arall does dim byd ond **cwymp** mawr i'r afon. Yn **oes aur** adeiladu **camlesi** roedd Cwmni Camlesi Ellesmere yn **bwriadu cysylltu** dwy afon – afon Mersi ac **afon Hafren** – drwy adeiladu camlas ar draws Sir Ddinbych.

Wnaeth y gwaith o **naddu** ffordd drwy'r **maes glo** ddechrau, ond roedd yn waith anodd. Doedd y tir ddim yn **addas**, ac roedd y dŵr yn **diflannu**'n rhy hawdd. Yr ateb oedd cysylltu rhan o'r maes glo gyda chamlas oedd yn cyrraedd tref Ellesmere. Roedd traphont ddŵr Pontcysyllte yn rhan o hyn. Y ddau ddyn oedd yn **gyfrifol** am **gynllunio** Pontcysyllte oedd Thomas Telford ac William Jessop. Wnaeth hi gymryd 10 mlynedd i adeiladu'r bont. Cost codi'r bont oedd tua £45,000 – dros 5 miliwn o bunnoedd heddiw.

Daeth 8,000 o bobl i weld y bont yn cael ei hagor yn 1805. Roedd gweld y **cyflenwad** dŵr yn teithio yn bell, bell **uwchben** lefel yr afon fel gweld **gwyrth**! Pontcysyllte ydy'r draphont ddŵr fwyaf uchel yn y byd y mae'n bosib ei chroesi mewn **ysgraff**.

traphont ddŵr – *aqueduct*	**uchder** – *height*
rheiliau – *railings*	**teithiwr** – *traveller*
diogel – *safe*	**cwymp** – *fall*
oes aur – *golden age*	**camlas (camlesi)** – *canal(s)*
bwriadu – *to intend*	**cysylltu** – *to connect, to associate*
afon Hafren – *River Severn*	**naddu** – *to carve*
maes glo – *coalfield*	**addas** – *suitable*
diflannu – *to disappear*	**cyfrifol** – *responsible*
cynllunio – *to design, to plan*	**cyflenwad** – *supply*
uwchben – *above*	**gwyrth** – *miracle*
ysgraff – *barge*	

Gresffordd, ger Wrecsam

Wnaeth yr **hanesydd** John Davies ddisgrifio **Eglwys yr Holl Eneidiau** yng Ngresffordd fel yr eglwys **blwyf** orau yng Nghymru. Mae hi'n eglwys arbennig o'**r unfed ganrif ar bymtheg**. Mae **clychau**'r eglwys yn un o **Saith Rhyfeddod Cymru**. Mae'r ffenestri gwydr lliw yn **hardd** iawn hefyd. Y tu allan i'r eglwys yn y **fynwent** mae **coed ynn** sy'n hen iawn. Ond y peth mwyaf trawiadol efallai ydy'r darn **glo** sydd yno. Darn glo o **bwll glo** Gresffordd ydy e. Ar 22 Medi 1934 gaeth 266 **glöwr** eu lladd yn y pwll glo. Roedd y glöwr **ifancaf** yn 14 mlwydd oed a'r glöwr **hynaf** yn 87 oed. Gaeth y darn glo ei roi ger yr eglwys ar ddiwrnod y ddamwain. Roedd pobl o bob rhan o **ogledd-ddwyrain** Cymru yn gweithio yn y pwll glo yng Ngresffordd. Gaeth y ddamwain **effaith** ar **ardal** fawr o ogledd-ddwyrain Cymru.

hanesydd – *historian*	
Eglwys yr Holl Eneidiau – *All Saints' Church*	
plwyf – *parish*	
yr unfed ganrif ar bymtheg – *the sixteenth century*	
clychau – *bells*	
Saith Rhyfeddod Cymru – *Seven Wonders of Wales*	
hardd – *beautiful*	**mynwent** – *cemetery*
coed ynn – *yew trees*	**glo** – *coal*
pwll glo – *coal mine*	**glöwr** – *miner*
ifancaf – *youngest,*	**hynaf** – *eldest, oldest*
gogledd-ddwyrain – *north-east*	**effaith** – *effect*
ardal – *area*	

Amgueddfa Lechi Cymru, Llanberis

Os ydy'r **diwydiant glo** wedi **creu** gwaith a **chwyddo poblogaeth de-ddwyrain** Cymru, wnaeth y **diwydiant llechi** greu gwaith a **thirlun** arbennig yng **ngogledd-orllewin** y wlad. Dych chi'n gallu dysgu llawer am y **diwydiant llechi** yn Amgueddfa Lechi Cymru ger Llanberis. Yn hen **weithdai Chwarel** Dinorwig, ar **lan** Llyn Padarn, y mae cartref yr amgueddfa.

Mae'r tir llwyd o gwmpas yr amgueddfa yn dweud llawer o stori'r diwydiant llechi. O'r **creigiau** yma gaeth y llechen ei naddu a'i **hollti** a'i defnyddio i adeiladu. Wedyn gaeth y llechen ei defnyddio i wneud pethau fel **bwrdd du** mewn ysgol, bwrdd biliards, a **cherrig beddi**.

Roedd llawer o'r llechi'n mynd i Loegr, Iwerddon a'r Almaen. Yn 1688, aeth miliwn o lechi o Gymru i wledydd eraill. Yn 1898 roedd 17,000 o ddynion yn gweithio yn y diwydiant llechi. Roedden nhw'n gwneud gwaith caled a **pheryglus**. Wnaeth rhai trefi dyfu achos y gwaith – trefi fel Bethesda a Blaenau Ffestiniog. Wnaeth **porthladdoedd** fel Porth Penrhyn, Porthmadog a Phort Dinorwig dyfu hefyd. Ar ôl **y Rhyfel Byd Cyntaf** wnaeth y diwydiant **ddirywio** a nawr dim ond llond llaw o chwareli sydd yng Nghymru, yn **cyflogi** dim ond ychydig o bobl.

amgueddfa lechi – *slate museum*	**diwydiant glo** – *coal industry*
creu – *to create*	**chwyddo** – *to swell*
poblogaeth – *population*	**de-ddwyrain** – *south-east*
diwydiant llechi – *slate industry*	**tirlun** – *landscape*
gogledd-orllewin – *north-west*	**gweithdai** – *workshops*
chwarel – *slate quarry*	
glan(nau) – *bank(s) of a lake or river*	
creigiau – *rocks*	**hollti** – *to split*
bwrdd du – *blackboard*	**cerrig beddi** – *gravestones*
peryglus – *dangerous*	**porthladd(oedd)** – *port(s)*
y Rhyfel Byd Cyntaf – *First World War*	
dirywio – *to decline*	**cyflogi** – *to employ*

Mynydd Parys, Ynys Môn

Dydy Mynydd Parys ar Ynys Môn ddim yn fynydd go iawn, a dydy e ddim yn debyg i Baris! Ond mae'r tirlun yma yn **rhyfeddol**. Pan dych chi'n cyrraedd Mynydd Parys dych chi'n meddwl eich bod chi ar **y blaned Mawrth**, achos y cerrig oren, pinc, coch, llwyd, gwyrdd a phorffor. **Amryliw**, yn wir.

Mae dyn wedi bod yn **cloddio** copr yma ers **yr Oes Efydd**. Mae hyn yn **profi** bod pobl yn gweithio metel yn y **cyfnod** cyn hanes. Wnaeth y lle dyfu yn gyflym iawn yn **y ddeunawfed ganrif**. Roedd **mwyngloddiwr** lleol o'r enw Rowland Pugh wedi **darganfod haen** enfawr o gopr yma. Potel o chwisgi gaeth e yn wobr am ddarganfod y copr ond roedd y **perchennog** wedi gwneud ffortiwn.

Yn yr 1780au wnaeth Mynydd Parys dyfu i fod y gwaith copr mwyaf yn y byd. Roedd y metel **prin** yn cael ei ddefnyddio'n aml ar longau'r **llynges**. Roedd Mynydd Parys yn **cynhyrchu** ei arian ei hun hyd yn oed, **sef** ceiniog Parys, er mwyn talu'r **gweithwyr**. Roedd pobl **gyffredin** yn defnyddio ceiniogau Parys hefyd. Roedd deng miliwn o geiniogau wedi cael eu cynhyrchu, mae'n debyg. Does dim llawer o **blanhigion** yn tyfu ar Fynydd Parys achos y metel sydd yn y **pridd**, ond mae'r lle hwn yn symbol o **brysurdeb** mawr ac arian mawr ar Ynys Môn.

mynydd(oedd) – *mountain(s)*	**rhyfeddol** – *amazing*
y blaned Mawrth – *the planet Mars*	**amryliw** – *multicoloured*
cloddio – *to excavate*	**yr Oes Efydd** – *the Bronze Age*
profi – *to prove*	**cyfnod** – *period*
y ddeunawfed ganrif – *the eighteenth century*	
mwyngloddiwr – *miner*	**darganfod** – *to discover*
haen(au) – *vein(s), layer(s)*	**perchennog** – *owner*
prin – *rare*	**y llynges** – *the navy*
cynhyrchu – *to produce*	**sef** – *namely*
gweithwyr – *workers*	**cyffredin** – *common*
planhigion – *plants*	**pridd** – *soil*
prysurdeb – *bustle*	

Castell Caernarfon, Gwynedd

Dyma efallai'r castell mwyaf trawiadol o bob castell a adeiladodd y Brenin Edward I yng Nghymru. Mae'r adeilad yn **dominyddu** tref Caernarfon a'r tirlun o'i gwmpas. Gaeth yr **Ymerawdwr** Cystennin (neu Constantine) ei eni yma. Ef oedd yr ymerawdwr **Cristnogol** cyntaf yn hanes **Rhufain**. Mae e'n cael ei gysylltu â'r stori 'Breuddwyd Macsen Wledig' yn y Mabinogion. **Yn hwyrach** yn ei fywyd gaeth Cystennin **freuddwyd** am adeiladu castell wrth geg afon hardd yng nghanol y mynyddoedd. Yn y freuddwyd roedd **eryrod** aur yn eistedd ar **dyrau**'r castell.

Yn wir, roedd gan y **Rhufeiniaid** ganolfan yma, a hefyd y **Normaniaid**. Wedyn fe ddaeth **tywysogion** Cymru i fyw yno yn ystod **y ddeuddegfed ganrif** a'r **drydedd ganrif ar ddeg**. I brofi ei **bŵer**, adeiladodd y Brenin Edward I ei gastell mwyaf, gyda haenau o gerrig coch yn y waliau, fel sydd yn Constantinople. Cymerodd y gwaith o adeiladu'r castell a'r **muriau** tua phum mlynedd. Costiodd y gwaith adeiladu tua £25,000 – ffortiwn bryd hynny! Ond doedd y castell ddim yn ddigon diogel – yn 1294 **llwyddodd** Madog ap Llywelyn i **ymosod ar** y lle a llosgi popeth oedd yn gallu cael ei losgi.

Penderfynodd Edward **gryfhau**'r castell. Fel rhan o'r gwaith, gaeth neuadd fawr o Gastell Conwy ei rhoi yng nghanol Castell Caernarfon. Mae hyn yn dangos **maint** y **fenter** enfawr hon ar lannau afon Menai.

dominyddu – *to dominate*	**ymerawdwr** – *emperor*
Cristnogol – *Christian*	**Rhufain** – *Rome*
yn hwyrach – *later*	**breuddwyd** – *dream*
eryrod – *eagles*	**tyrau** – *towers*
Rhufeiniaid – *Romans*	**Normaniaid** – *Normans*
tywysog(ion) – *prince(s)*	
y ddeuddegfed ganrif – *the twelfth century*	
y drydedd ganrif ar ddeg – *the thirteenth century*	
pŵer – *power*	**muriau** – *walls*
llwyddo – *to succeed*	**ymosod ar** – *to attack*
cryfhau – *to strengthen, to reinforce*	**maint** – *scale*
menter – *venture*	

Tre'r Ceiri, Pen Llŷn

Os dych chi eisiau cerdded drwy hanes, dyma'r lle i chi! **Bryngaer** o'r **Oes Haearn** ydy Tre'r Ceiri. Mae Tre'r Ceiri ger pentref Llanaelhaearn, ym Mhen Llŷn. Mae bryngaer Tre'r Ceiri mewn **gwell cyflwr** nag unrhyw fryngaer arall o'r Oes Haearn. Mae'n bosib parcio yn Llanaelhaearn i gerdded at y fryngaer. Dych chi'n cerdded drwy ddrws o gerrig, a **dychmygu** sut roedd pobl yn gwneud **yr un peth** yn yr Oes Haearn.

Mae Tre'r Ceiri 450 metr uwchben **lefel y môr**. Roedd cant o bobl yn byw mewn ugain o dai y tu mewn i'r fryngaer. Ar un amser roedd dwy **fynedfa** yma, gyda lôn ar ochr y bryn. I ddechrau, tai **crwn** oedd yma. Wedyn roedd y tai ar siâp **petryal**. Ar ddiwrnod braf mae golygfa wych yma o Ben Llŷn, **Eryri** a Bae Ceredigion. **Does dim rhyfedd** bod pobl Pen Llŷn yn meddwl ers talwm am y lle yma fel tre **cewri** (ceiri), a'u bod nhw wedi cario cerrig tuag at y cymylau!

bryngaer – *hill fort*	**Oes Haearn** – *Iron Age*
gwell cyflwr – *better condition*	**dychmygu** – *to imagine*
yr un peth – *the same thing*	**lefel y môr** – *sea level*
mynedfa – *entrance*	**crwn** – *round*
petryal – *rectangle*	**Eryri** – *Snowdonia*
does dim rhyfedd – *it's no wonder*	**cewri** – *giants*

Tre'r Ceiri, Pen Llŷn

Portmeirion, Gwynedd

Portmeirion, Gwynedd

Basai hi'n hawdd dychmygu eich bod chi yn **yr Eidal** wrth gerdded o gwmpas y pentref **hynod** yma. Syniad y **pensaer** Clough Williams-Ellis oedd creu pentref Portmeirion, ger Penrhyndeudraeth. Fe gasglodd e ddarnau o hen adeiladau a'u **gweu** i mewn i adeiladau newydd.

Dechreuodd Clough Williams-Ellis ar y gwaith yn 1925 – rhwng y ddau ryfel byd. Doedd y gwaith ddim wedi ei orffen tan 1975. Yn 1931 prynodd e Gastell Deudraeth ac ychydig o'r **tir** o'i gwmpas. Ei ffantasi oedd creu pentref oedd yn gwneud i'r ardal o'i gwmpas edrych hyd yn oed yn fwy hardd.

Pentref Portofino yn yr Eidal oedd yr **ysbrydoliaeth** ar gyfer pentref Portmeirion. Mae rhai pobl yn credu bod y pentref Cymreig yn fwy hardd na'r pentref **Eidalaidd** gwreiddiol! Hyd yn oed pan oedd Clough Williams-Ellis yn hen iawn roedd yn dal i gasglu darnau o adeiladau ac i **ddatblygu**'r lle. Pan oedd e'n 93 oed prynodd e **dollty** i'w roi yn y pentref. Roedd e fel **pioden**, yr aderyn sy'n casglu pob math o bethau er mwyn adeiladu ei **nyth**. Llwyddodd e i greu pentref gwyliau Eidalaidd ar lan afon hardd yng ngogledd Cymru. Yno mae adeiladau hynod mewn lliwiau pastel. Mae **cerfluniau** gwych i'w gweld hefyd **hwnt ac yma**, gan gynnwys y rhai yn y goedwig, sy'n cael ei galw 'Y Gwyllt'.

yr Eidal – *Italy*	**hynod** – *remarkable, special*
pensaer – *architect*	**gweu** – *to intertwine*
tir – *land*	**ysbrydoliaeth** – *inspiration*
Eidalaidd – *Italianate*	**datblygu** – *to develop*
tollty – *toll-house*	**pioden** – *magpie*
nyth – *nest*	**cerflun(iau)** – *statue(s)*
hwnt ac yma – *here and there*	

Castell Harlech, Gwynedd

Mae'r castell yma yn **cyfuno harddwch** a phŵer. Mae e'n sefyll ar ddarn o graig sy'n rhan o fynyddoedd y Rhinogiaid, 200 **troedfedd** uwchben Bae Tremadog. Mae un o straeon mwyaf enwog Cymru, 'Branwen Ferch Llŷr', yn dechrau gyda'r brenin Bendigeidfran yn eistedd ar y garreg yma.

Gaeth y castell ei adeiladu ar gyfer Edward I yn 1283 – **yr un pryd â** Chastell Caernarfon a Chastell Conwy. Roedd 900 o ddynion yn gweithio yma. Roedd **sianel** yn cysylltu'r castell â'r môr. Basai llongau yn gallu dod â **nwyddau** i geg y sianel tasai rhywun yn ymosod ar y castell am amser hir.

Wnaeth Owain Glyndŵr lwyddo i **gipio** Castell Harlech yn 1404. Wnaeth e **sefydlu** ei **bencadlys** yma am bum mlynedd yn ystod ei **wrthryfel**. Yn ystod **Rhyfel y Rhosynnod** roedd **gwarchae** yma am saith mlynedd. Mae'r gân '**Rhyfelgyrch Gwŷr Harlech**' yn dathlu hynny. Achos bod y pensaer wedi gweithio mor galed i gynllunio'r **cestyll** i'r Brenin Edward, gaeth e swydd **cwnstabl** yng Nghastell Harlech.

cyfuno – *to combine*	**harddwch** – *beauty*
troedfedd – *foot (measurement)*	**yr un pryd â** – *at the same time as*
sianel – *channel*	**nwyddau** – *goods*
cipio – *to seize*	**sefydlu** – *to establish*
pencadlys – *headquarters*	**gwrthryfel** – *rebellion*
Rhyfel y Rhosynnod – *Wars of the Roses*	
gwarchae – *siege*	
Rhyfelgyrch Gwŷr Harlech – *March of the Men of Harlech*	
cestyll – *castles*	**cwnstabl** – *constable*

Castell y Bere, Gwynedd

Cyn amser y Normaniaid roedd **y Cymry** wedi codi llawer o gestyll yng Nghymru, ac un o'r rheiny ydy Castell y Bere, ger Tywyn. Mae **lleoliad** y castell hwn **gyda'r gorau**. Mae'r castell yn sefyll ar **drwyn** uchel o dir uwchben Dyffryn Dysynni. Prif bwrpas y lle, mae'n debyg, oedd cadw golwg ar y **gwartheg** oedd yn **pori** ar y tir gwyrdd **gerllaw**. Roedd anifeiliaid yn **werthfawr** iawn yn y **Canol Oesoedd** – mor werthfawr ag y mae arian i ni heddiw! Y Tywysog Llywelyn Fawr wnaeth adeiladu'r castell. Fe wnaeth e **ddwyn** y tir oddi ar ei fab ei hun achos ei fod e am godi castell **ar y ffin** â'i **deyrnas** yng Ngwynedd.

Wnaeth brenin Lloegr, Edward I, lwyddo i gipio'r castell yn 1283. Ond wnaeth e ddim aros yma'n hir. Heddiw mae'n anodd credu bod y castell yn **gwarchod** llwybr pwysig oedd yn cysylltu Tywyn a Dolgellau **ganrifoedd** yn ôl. Nawr defaid y mynydd sy'n gwarchod y lle, a'r gwynt ydy'r **utgorn**. **Adfail** yw'r castell heddiw, ond ar un adeg roedd yn gastell pwysig, gyda thyrau mawr yn codi i'r awyr o dan **gysgod** Cadair Idris. Castell un o dywysogion Cymru ydy Castell y Bere, ac mae'n ein **hatgoffa** o **golled** fawr yn hanes ein gwlad.

y Cymry – *the Welsh people*	**lleoliad** – *location*
gyda'r gorau – *one of the best*	**trwyn** – *promontory*
gwartheg – *cattle*	**pori** – *to graze*
gerllaw – *nearby*	**gwerthfawr** – *valuable*
Canol Oesoedd – *Middle Ages*	**dwyn** – *to steal*
ar y ffin â – *on the border with*	**teyrnas** – *kingdom*
gwarchod – *to protect*	**canrifoedd** – *centuries*
utgorn – *trumpet*	**adfail** – *a ruin*
cysgod – *shadow*	**atgoffa** – *to remind*
colled – *loss*	

Castell y Bere, Gwynedd

Soar-y-mynydd, Abergwesyn

Soar-y-mynydd, Abergwesyn

Does dim rhaid i chi fod yn **Gristion** i deimlo rhyw **naws** arbennig yn Soar-y-mynydd. Mae'r capel bach yma yng nghefn gwlad Ceredigion, ryw 8 milltir i'r dwyrain o Dregaron. Dyn o'r enw Ebenezer Richard wnaeth godi'r capel. Fe wnaeth e godi llawer o gapeli mewn **mannau gwledig**, yn bell o unrhyw bentref. Capel y **Methodistiaid Calfinaidd** oedd Soar-y-mynydd. Roedd e hefyd yn cael ei ddefnyddio fel ysgol fach. Mae'r capel **gwyngalchog** yn sefyll uwchben afon Camddwr, ar ffordd unig sy'n **arwain** at **gronfa ddŵr** Llyn Brianne, gyda dim ond sŵn natur o'i gwmpas.

Yn yr hen ddyddiau roedd pobl yn teithio o bell i fynd i **oedfa** yn Soar-y-mynydd. Yn yr 1930au roedd y **Parchedig** David Idris Owen yn **pregethu** yno. Roedd pobl yn teithio ar drên o Aberystwyth i Landdewibrefi ac yna'n **marchogaeth** ar gefn ceffyl am wyth awr i glywed y **bregeth**. Roedd oedfaon yn digwydd yn y tŷ fferm gerllaw hefyd. Dyma un o gapeli mwyaf **ynysig** Cymru – dyna pam mae'r naws yno mor arbennig, efallai.

Cristion – *a Christian*	**naws** – *atmosphere*
mannau gwledig – *rural places*	
Methodistiaid Calfinaidd – *Calvinist Methodists*	
gwyngalchog – *whitewashed*	**arwain** – *to lead*
cronfa ddŵr – *water reservoir*	**oedfa(on)** – *religious service(s)*
Parchedig – *Reverend*	**pregethu** – *to preach*
marchogaeth – *to ride*	**pregeth** – *sermon*
ynysig – *isolated*	

Senedd-dy Owain Glyndŵr, Machynlleth

Ar y stryd fawr ym Machynlleth dych chi'n gallu gweld Senedd-dy Owain Glyndŵr. Owain Glyndŵr ydy un o **arwyr** mwyaf Cymru. Wnaeth e sefydlu Senedd i Gymru yma yn 1404.

Tan 1400, dyn canol oed yn byw yn hapus gyda'i deulu oedd Owain Glyndŵr. Yna wnaeth popeth newid. Roedd Glyndŵr yn **arglwydd** ar Lyndyfrdwy, pentref bach heddiw rhwng Corwen a Llangollen. Wnaeth criw o'i ffrindiau **gyhoeddi** Owain yn Dywysog Cymru. Roedden nhw'n galw Owain yn Dywysog Cymru achos ei fod e'n **ddewr**. Roedd Owain yn **ymladd yn erbyn** y Normaniaid oedd yn adeiladu cestyll yng Nghymru.

Wnaeth Glyndŵr **frwydro** yn erbyn y Normaniaid **ymhob man** yng Nghymru. Wnaeth e gipio Castell Conwy, Castell Harlech a Chastell Aberystwyth. Roedd Henry Percy Hotspur a hefyd **milwyr** o Ffrainc yn helpu Owain yn erbyn y Normaniaid. Daeth pobl bwysig o'r Alban, Castile a Ffrainc i Fachynlleth i weld Owain Glyndŵr yn cael ei '**goroni**'. Gaeth **cytundeb swyddogol** ei wneud gyda Ffrainc.

Yn anffodus, wnaeth Owain **golli** ei **afael** ar gestyll Harlech ac Aberystwyth. Wnaeth yr help o Ffrainc ddiflannu hefyd. Erbyn 1410 roedd breuddwyd Owain o greu Cymru **rydd** wedi **dod i ben**. Does neb yn gwybod ble na sut wnaeth Owain farw. Ond mae'r adeilad ym Machynlleth yn dal yno, a'r Cymry yn dal i gofio am Owain Glyndŵr, Tywysog Cymru.

senedd-dy – *parliament house*	**arwr (arwyr)** – *hero(es)*
arglwydd – *lord*	**cyhoeddi** – *to proclaim; to publish*
dewr – *brave*	**ymladd** – *to fight*
yn erbyn – *against*	**brwydro** – *to fight*
ymhob man – *everywhere*	**milwyr** – *soldiers*
coroni – *to crown, coronation*	**cytundeb** – *contract, agreement*
swyddogol – *official*	**colli gafael** – *to lose control*
rhydd – *free*	**dod i ben** – *to come to an end*

Llyn Syfaddan, Bannau Brycheiniog

Mae **sawl rheswm** dros ymweld â Llyn Syfaddan, sydd tua 6 milltir i'r **dwyrain** o **Aberhonddu**. Dyma'r llyn naturiol mwyaf yn **ne Cymru**. Mae llawer o fywyd gwyllt ar wyneb y llyn ac ar ei lannau. I haneswyr, y peth mwyaf arbennig ydy 'y Crannog'. 'Ynys' artiffisial wedi'i gwneud o goed gan ddyn ydy'r Crannog. Dyma ble roedd un o gartrefi **brenhinol Brycheiniog** tua **OC** 900. Mae hyn yn dangos bod **cysylltiad** rhwng brenhinoedd yng Nghymru a brenhinoedd yn Iwerddon, achos bod llawer o granogau yn Iwerddon.

Dydy'r dŵr o gwmpas y Crannog ddim yn **ddwfn** iawn, dim ond tua 1 metr. Yn wreiddiol, roedd pont syml rhwng yr ynys a glan y llyn. Heddiw mae coed yn tyfu ar y **safle**. Maen nhw dros 1,000 o flynyddoedd oed.

Yn ôl y teithiwr Gerallt Gymro, roedd pobl yn credu na fasai adar Llyn Syfaddan ddim yn canu i unrhyw un ond tywysog Cymru.

sawl – *several*	**rheswm** – *reason*
dwyrain – *east*	**Aberhonddu** – *Brecon*
de Cymru – *south Wales*	**brenhinol** – *royal*
Brycheiniog – *Breconshire*	
OC (Oed Crist) – *AD (Anno Domini)*	
cysylltiad – *connection*	**dwfn** – *deep*
safle – *site*	

Llyfrgell **Genedlaethol** Cymru, Aberystwyth

Mae pob llyfrgell yng Nghymru yn **drysor**, ond does dim un llyfrgell mor werthfawr â Llyfrgell Genedlaethol Cymru. Roedd 110,000 o bobl Cymru wedi **cyfrannu** arian i godi'r adeilad hardd ar y bryn, mae'n debyg. Mae 6.5 miliwn o eitemau ar y **silffoedd** yma! Un o'r eitemau hynny ydy Llyfr Du Caerfyrddin, sef un o'r **llawysgrifau** Cymraeg hynaf. Yma hefyd mae Llyfr Taliesin, a gweithiau o Loegr, fel gwaith Geoffrey Chaucer.

Dydy popeth sydd yn y Llyfrgell Genedlaethol ddim yn hen. Mae papurau newydd, **cryno-ddisgiau** a rhaglenni teledu yn cael eu cadw yma. Bob dydd mae eitemau newydd yn cyrraedd yr adeilad mawr, trawiadol.

Gaeth y Llyfrgell ei sefydlu yn 1907, ar ôl **ymgyrch** hir. Yn 1905 roedd **Llywodraeth** Prydain wedi **addo** sefydlu llyfrgell ac amgueddfa genedlaethol i Gymru.

Roedd rhai pobl eisiau i'r llyfrgell fod yn Aberystwyth, ond roedd pobl eraill eisiau iddi fod yng Nghaerdydd. Wnaeth David Lloyd George gefnogi'r ymgyrch i sefydlu'r Llyfrgell Genedlaethol yn Aberystwyth. Un rheswm am hyn oedd achos bod Syr John Williams, meddyg a **chasglwr** llyfrau, wedi cynnig ei **gasgliad** gwerthfawr o lyfrau a swm o arian i sefydlu llyfrgell yn Aberystwyth.

Mae copi o bob llyfr sy'n cael ei gyhoeddi yng Nghymru yn mynd i'r Llyfrgell Genedlaethol. Bydd copi o'r llyfr hwn yno erbyn hyn!

cenedlaethol – *national*	**trysor** – *treasure*
cyfrannu – *to donate*	**silffoedd** – *shelves*
llawysgrif(au) – *manuscript(s)*	**cryno-ddisgiau** – *compact discs*
ymgyrch – *campaign*	**llywodraeth** – *government*
addo – *to promise*	**casglwr** – *collector*
casgliad – *collection*	

Llyfrgell Genedlaethol Cymru, Aberystwyth

Yr Hen Goleg, Aberystwyth

Yr Hen Goleg, Aberystwyth

Er bod Owain Glyndŵr wedi awgrymu creu **prifysgol** i Gymru yn **y bymthegfed ganrif**, ddaeth ei freuddwyd ddim yn wir tan **yr ugeinfed ganrif**. Roedd y **dewis** o safle yn ddiddorol, sef hen **westy** ar lan y môr yn Aberystwyth. Gaeth y gwesty ei gynllunio i gystadlu gyda'r gwestai crand yn St Pancras yn Llundain ac yn Scarborough. Y **bwriad** oedd troi Aberystwyth yn Brighton Cymreig, a **denu** miloedd o **dwristiaid**. Ond doedd y gwesty ddim yn **llwyddiant** ac aeth y perchennog i **ddyled** ar ôl blwyddyn. Wnaeth **pwyllgor** o bobl brynu'r gwesty am £10,000. Roedd y pwyllgor eisiau sefydlu prifysgol Cymru yno. Mae'r adeilad o'r tu allan yn edrych fel **cymysgedd** o gastell Cymreig a *château* **Ffrengig**, achos bod ganddo sawl tŵr a ffenestri gwahanol. Yn ôl un stori, daeth y pensaer enwog Nikolaus Pevsner i Aberystwyth. Wnaeth e edrych ar yr adeilad a dweud, 'Good God!' Beth bynnag, mae'r Hen Goleg yn symbol o freuddwyd **cenedl** a **pharch** pobl Cymru at **addysg**.

prifysgol – *university*	
y bymthegfed ganrif – *the fifteenth century*	
yr ugeinfed ganrif – *the twentieth century*	
dewis – *choice; to choose*	**gwesty** – *hotel*
bwriad – *intention*	**denu** – *to attract*
twristiaid – *tourists*	**llwyddiant** – *success*
dyled – *debt*	**pwyllgor** – *committee*
cymysgedd – *mixture*	**Ffrengig** – *French*
cenedl – *nation*	**parch** – *respect*
addysg – *education*	

Pentre Ifan, Sir Benfro

Mae sawl **cromlech** o'r cyfnod Neolithig yng Nghymru. Un o'r cromlechi mwyaf arbennig a mwyaf enwog ydy cromlech Pentre Ifan. Mae'r gromlech yn sefyll ar ddarn o dir uchel uwchben Bae Trefdraeth yng ngogledd Sir Benfro.

Wrth edrych ar y garreg fawr sy'n gorwedd ar draws y cerrig syth **oddi tani**, mae hi'n anodd deall sut wnaeth dynion godi'r garreg 16 **tunnell** heb help **peiriant**, 4,000 o flynyddoedd yn ôl. Ar y llaw arall, yn y cyfnod pan gaeth y garreg ei chodi – roedd y **bedd** ar un adeg yn gorwedd o dan y pridd, wrth gwrs – roedd **technoleg** syml yn datblygu. Roedd pobl yng Nghymru yn creu **bwyeill** o gerrig. Roedden nhw'n **allforio** llawer o'r bwyeill i dde Lloegr, yr Alban a gogledd Iwerddon. Dyma'r cyfnod hefyd pan wnaeth y Cymry **ddofi** anifeiliaid i'w cadw ac i ffermio'r tir.

Mae'r garreg mor fawr, basai dyn ar gefn ceffyl yn gallu mynd oddi tani. Mae tua chant a hanner o gromlechi yng Nghymru. Mae'r rhan fwyaf o'r cromlechi yn agos i'r môr. Efallai fod y syniad o godi cromlechi wedi dod i Gymru gyda phobl oedd yn teithio mewn **cychod** bach ar hyd **arfordir gorllewin** Ewrop.

cromlech – *prehistoric tomb*	**oddi tani/tano** – *underneath it*
tunnell – *ton*	**peiriant** – *machine*
bedd – *grave*	**technoleg** – *technology*
bwyeill – *axes*	**allforio** – *to export*
dofi – *to tame, to domesticate*	**cychod** – *boats*
arfordir – *coastline*	**gorllewin** – *west*

Pentre Ifan, Sir Benfro

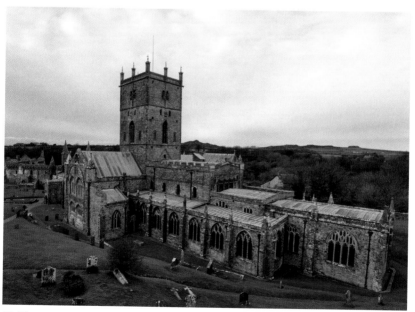

Tyddewi, Sir Benfro

Tyddewi, Sir Benfro

Mae'r cysylltiad gyda Dewi Sant yn gwneud **Eglwys Gadeiriol** Tyddewi yn lle arbennig iawn. Mae'r eglwys yn adeilad hardd hefyd, yn cuddio mewn cwm tawel yn agos i'r môr.

Sant yn **y chweched ganrif** oedd Dewi. Gaeth e ei eni yng Nghymru. Fe ydy **nawddsant** Cymru, fel mae Sant Padrig yn nawddsant Iwerddon, Sant Andrew yn nawddsant yr Alban a Sant Siôr yn nawddsant Lloegr. Ond yn wahanol i'r tri nawddsant arall, gaeth Dewi ei eni yn y wlad lle mae e'n nawddsant. Wnaeth e astudio yn Llanilltud Fawr, cyn teithio i sefydlu **mynachdy** yn agos i safle'r eglwys gadeiriol heddiw. Erbyn heddiw mae 60 o eglwysi yng Nghymru, a rhai eglwysi yn Lleogr, wedi eu **henwi** ar ôl Dewi Sant.

Pan oedd yr eglwys yn cael ei hadeiladu, roedd y môr fel **traffordd** heddiw, yn cario pobl, nwyddau a syniadau. Wnaeth mwy a mwy o bobl ddechrau dilyn Dewi Sant. Gaeth deuddeg mynachdy eu sefydlu yn ei enw e. Roedd y Normaniaid a'r Rhufeiniaid yn **edmygu** Dewi. Roedd y Rhufeiniaid yn credu bod ymweld â Thyddewi ddwywaith fel teithio i Rufain unwaith. Felly, ewch yno, a gwnewch yn siŵr eich bod yn mynd yn ôl yno – i weld yr adeilad hardd a'r cerfluniau o bobl sy'n bwysig yn hanes Cymru, fel Gerallt Gymro. Dych chi'n gallu gweld cadair hardd yr **esgob** ei hun yno hefyd. Eisteddwch yn dawel yn bell o sŵn y byd!

eglwys gadeiriol – *cathedral*	**y chweched ganrif** – *the sixth century*
nawddsant – *patron saint*	**mynachdy** – *monastery*
enwi – *to name*	**traffordd** – *motorway*
edmygu – *to admire*	**esgob** – *bishop*

Ynys Bŷr, Sir Benfro

Mae pobl yn hoffi ymweld â Dinbych-y-pysgod, tref glan y môr hardd sy'n **haeddu** bod ar gerdyn post. Ond mae rheswm arall dros fynd i Ddinbych-y-pysgod. Dych chi'n gallu hwylio o'r fan hon i ynys fach ryfeddol sydd gerllaw, sef Ynys Bŷr. Mae mynachdy ar yr ynys ers y chweched ganrif, ac felly dyma un o'r **sefydliadau crefyddol** hynaf ym Mhrydain. Mae **sgerbydau** ar yr ynys sy'n **dyddio** i 1600 Cyn Crist. Yn ôl yr hanes, dyma gartref cyntaf y gwningen wyllt, gaeth ei magu yma cyn dianc i bob rhan o'r wlad. Roedd magu cwningod yn bwysig iawn yn hanes cynnar y rhan yma o Gymru.

Mae eglwys fach hyfryd Sant Illtud ar yr ynys. Dyma'r **addoldy** Catholig hynaf ym Mhrydain, mae'n debyg, ond mae'r rhan fwyaf o bobl sy'n mynd ar y daith ugain munud ar y cwch i'r ynys yn mynd er mwyn gweld ei harddwch. Maen nhw hefyd yn prynu'r siocled a'r **persawr** sy'n cael eu gwneud gan y **mynachod Sistersaidd** sy'n **gweddïo** ar yr ynys. Yn yr haf, pan mae'r **gwenyn** yn ymweld â'r blodau **lafant**, mae Ynys Bŷr yn lle **hudol**. Yr ynys fach **bert** hon ydy'r ynys fach olaf yng Nghymru lle mae pobl yn byw **drwy gydol y flwyddyn**.

Ynys Bŷr – *Caldey Island*	**haeddu** – *to deserve*
sefydliadau crefyddol – *religious establishments*	
sgerbwd (sgerbydau) – *skeleton(s)*	**dyddio** – *to date*
addoldy – *place of worship*	**persawr** – *perfume*
mynachod Sistersaidd – *Cistercian monks*	
gweddïo – *to pray*	**gwenyn** – *bees*
lafant – *lavender*	**hudol** – *magical*
pert – *pretty*	
drwy gydol y flwyddyn – *throughout the year*	

Hendy-gwyn, Sir Gaerfyrddin

Tref Hendy-gwyn oedd cartref yr hufenfa fwyaf yn Ewrop am flynyddoedd. Roedd yr hufenfa yn **prosesu miliynau** o **alwyni** o laeth da Sir Gaerfyrddin a Sir Benfro. Ond, **yn hanesyddol**, y peth pwysicaf am Hendy-gwyn ydy'r cysylltiad gyda Hywel Dda. Enw Hywel Dda sydd ar y darn arian cyntaf i gael ei **fathu** yng Nghymru. Fe oedd y brenin wnaeth **uno** rhannau mawr o Gymru trwy wneud cytundeb gyda Lloegr.

Cyfraniad mawr Hywel Dda oedd rhoi trefn ar **gyfraith** Cymru. Wnaeth Hywel roi **gwahoddiad** i gyfreithwyr o bob rhan o'i deyrnas gyfarfod yn Hendy-gwyn. Yn y cyfarfod cytunon nhw ar **hawliau** i fenywod a hawliau **perchen tir**. Wnaeth y Cymry ddechrau gweld eu hunain fel pobl Cymru, gyda'u gwlad eu hunain. Gaeth Hywel yr enw 'Hywel Dda' achos ei fod e wedi creu cyfraith deg i bobl ei wlad.

Dych chi'n gallu gweld **cofeb** i Hywel y tu allan i Ganolfan Hywel Dda. Yno hefyd mae gardd a gwaith celf gan yr **arlunydd** Peter Lord. Gaethon nhw eu hagor yn 1984. Maen nhw'n dathlu cyfraniad y brenin da mewn ffordd **effeithiol** iawn, trwy ddefnyddio gwydr, **haearn** a llechi. Mae'r ardd wedi'i rhannu'n chwech gardd fach – symbol o chwech rhan Cyfraith Hywel Dda.

Hendy-gwyn – *Whitland*		**prosesu** – *to process*
miliynau – *millions*		**galwyn(i)** – *gallon(s)*
yn hanesyddol – *historically*		**bathu** – *to mint*
uno – *to unite*		**cyfraniad** – *contribution*
cyfraith – *law*		**gwahoddiad** – *invitation*
hawliau – *rights*		**perchen tir** – *landownership*
cofeb – *memorial*		**arlunydd (arlunwyr)** – *artist(s)*
effeithiol – *effective*		**haearn** – *iron*

Castell Carreg Cennen, ger Llandeilo

Mae Cymru yn llawn o gestyll. Mae rhai cestyll yn fwy arbennig na'r cestyll eraill. Castell Carreg Cennen, sydd tua phedair milltir o dref Llandeilo, ydy un o'r rheiny.

Un rheswm am hyn ydy'r lleoliad. Mae'r castell yn eistedd fel coron wedi'i gwneud o gerrig ar ben bryn 300 troedfedd o uchder uwchben Dyffryn Tywi. Dych chi'n gallu dychmygu'r Brenin Arthur yn byw yma, mewn castell hudol ar ben y graig. Roedd hi'n hawdd **amddiffyn** y castell, achos bod y muriau **grug** mor **serth** â muriau'r castell ei hun. Does dim rhyfedd bod Owain Glyndŵr wedi methu â chymryd y castell oddi wrth Syr John Scudamore yn 1403.

Ar un adeg roedd Rhys ap Gruffydd (yr Arglwydd Rhys) yn byw yma. Roedd e'n gallu siarad Cymraeg a Ffrangeg, ond dim gair o Saesneg. Roedd e'n gallu byw **ochr yn ochr** â'r Normaniaid. Roedden nhw'n **parchu**'r Arglwydd Rhys am hynny.

Gaeth y castell ei **ddinistrio** yn ystod Rhyfel y Rhosynnod yn 1462. Erbyn y ddeunawfed ganrif roedd yr adfail yn denu twristiaid ac arlunwyr fel Turner.

Un o'r pethau mwyaf diddorol am Gastell Carreg Cennen ydy'r twnnel oedd yn arwain at **ogof**. Basai'r twnnel yn helpu i amddiffyn y castell, ond basai hefyd yn helpu'r **gelyn** i ymosod ar y castell. Un peth sy'n sicr – mae hi'n dywyll i lawr yn y twnnel!

amddiffyn – *to defend*	**grug** – *heather*
serth – *steep*	**ochr yn ochr** – *side by side*
parchu – *to respect*	**dinistrio** – *to destroy*
ogof – *cave*	**gelyn** – *enemy*

Castell Carreg Cennen, ger Llandeilo

Ogof Pen-y-fai, Rhosili

Ogof **Pen-y-fai**, Rhosili

Ogof ar **Benrhyn Gŵyr** ydy Ogof Pen-y-fai. Enw arall ar yr ogof ydy 'Twll yr **Afr**'. Mae'r ogof ger pentref Rhosili. Gaeth dyn ei gladdu yma tua 29,000 o flynyddoedd yn ôl. Dyma'r **angladd** '**ddynol**' gyntaf yng Nghymru. Roedd y sgerbwd yn gorwedd yma yn dawel, uwchben y môr, tan 1823. Wedyn daeth **archeolegydd** o'r enw William Buckland yma o **Brifysgol Rhydychen**. Wnaeth Buckland ffeindio **esgyrn** dynol. Wnaeth e ffeindio pethau eraill o'r un cyfnod – pethau fel **cregyn** ac ifori. Mae hyn yn dangos bod anifeiliaid gwyllt fel y rhinoseros, y teigr enfawr a'r mamoth wedi byw yn yr ardal.

Roedd y pethau hyn wedi cael eu defnyddio yn yr angladd. Esgyrn menyw oedden nhw – dyna roedd pobl yn credu i ddechrau. Dyna pam roedd pobl yn siarad am 'Ddynes Goch Paviland'. Wedyn roedd pobl wedi nabod yr esgyrn oedd yn gorwedd ar y pridd coch yn yr ogof fel esgyrn dyn ifanc, nid esgyrn menyw. Roedd y pridd wedi **lliwio**'r esgyrn. Heddiw mae'r sgerbwd yn yr **Amgueddfa Hanes Naturiol** yn Llundain. Mae'n dawel fel y bedd yn Ogof Pen-y-fai!

Pen-y-fai – *Paviland*	**Penrhyn Gŵyr** – *Gower Peninsula*
gafr – *goat*	**angladd** – *funeral*
dynol – *human*	**archeolegydd** – *archaeologist*
Prifysgol Rhydychen – *Oxford University*	
esgyrn – *bones*	**cregyn** – *shells*
lliwio – *to colour*	
Amgueddfa Hanes Naturiol – *Natural History Museum*	

Blaenafon, Gwent

Ym mynwent Eglwys San Pedr ym Mlaenafon mae bedd wedi'i wneud o haearn. Mae hyn yn addas iawn am ddau reswm. Yn gyntaf, bedd Samuel Hopkins, un o'r **meistri haearn** mawr ydy e. Yn ail, mae haearn yn bwysig iawn, iawn yn hanes Blaenafon. Yn wir, Blaenafon ydy un o'r llefydd pwysicaf yn hanes y diwydiant haearn, yng Nghymru ac yn y byd. Mae **olion** y diwydiant i'w gweld ymhob man yn y dref. Yma mae efail lle roedd y metel yn cael ei **doddi**. Yma hefyd mae gwaith haearn enfawr lle roedd cannoedd o ddynion yn gweithio. Gaeth y gwaith haearn ei adeiladu yn 1788. Gallwch chi weld lifft yno oedd yn defnyddio dŵr i godi pethau trwm.

Yma hefyd yn 1856 roedd dyn o'r enw Henry Bessemer wedi darganfod ffordd o gynhyrchu **dur** wnaeth newid y byd modern. Y broses yma, sef proses Bessemer, wnaeth hi'n bosib i **Unol Daleithiau America** dyfu mor gyflym. Dyma wnaeth arwain at y Rhyfel Byd Cyntaf hefyd achos roedd yr Almaen wedi llwyddo i gynhyrchu llawer o **arfau**.

Wrth gwrs, mae trefi eraill yn ne Cymru, fel Merthyr Tudful, yn bwysig yn hanes diwydiant yng Nghymru. Ond mae Blaenafon wedi cadw hanes y diwydiant yn fyw. Dyma'r lle gorau i ddeall hanes a wnaeth newid Cymru a'r byd.

meistri haearn – *ironmasters*	**olion** – *remains*
toddi – *to smelt*	**dur** – *steel*
Unol Daleithiau America – *United States of America*	
arfau – *weapons*	

Abaty Tyndyrn, Cas-gwent

Wnaeth mynachod Sistersaidd sefydlu yr abaty yma ar lan **afon Gwy** yn 1131. Roedd byw yn agos at natur yn bwysig iawn i'r mynachod. Roedden nhw am ddysgu pethau newydd yn y coed – pethau doedden nhw ddim yn eu dysgu mewn llyfrau. Dyma'r abaty Sistersaidd **cynharaf** yng Nghymru. Abaty Tyndyrn oedd yr abaty mwyaf cyfoethog yng Nghymru. Roedd un deg tri mynach yn creu incwm o £192 yn 1532.

Yn anffodus, gaeth yr abaty ei ddinistrio yn yr 1540au. Harri VIII oedd wedi dweud bod angen dinistrio'r abaty. Gaeth y **plwm** ei dynnu o'r to. Dim ond adfail ydy Abaty Tyndyrn heddiw, ond mae'n adfail **mawreddog**. Ysgrifennodd William Wordsworth gerdd enwog am yr abaty.

Ewch i sefyll rhwng y **pileri** Gothig. Edrychwch i fyny ar y ffenestri heb wydr. Mae hi'n hawdd dychmygu'r mynachod yn gweddïo ac yn **trin gwlân**.

abaty – *abbey*	**Tyndyrn** – *Tintern*
afon Gwy – *River Wye*	**cynharaf** – *earliest*
plwm – *lead*	**mawreddog** – *majestic*
pileri – *pillars*	**trin gwlân** – *to treat wool*

Abaty Tyndyrn, Cas-gwent

Caerllion, Gwent

Caerllion, Gwent

Wnaeth y Rhufeiniaid **lanio** ym Mhrydain yn OC 43. Mewn pum mlynedd roedden nhw'n **rheoli** y rhan fwyaf o dde Lloegr. Mewn ugain mlynedd roedden nhw'n rheoli rhannau mawr o Gymru, yr Alban a gogledd Lloegr. Wnaeth y gwaith adeiladu ddechrau yn Deva (**Caer** heddiw), ac Isca Silurum (Caerllion heddiw) yn OC 74. Cartrefi ar gyfer milwyr **Rhufeinig** oedd yr adeiladau. Roedd tua 6,000 o **filwyr troed** yn gallu aros yn y cartrefi yma. Os ewch chi i Gaerllion, cewch chi syniad da o fywyd yn y cyfnod hwnnw.

Wnaeth y Rhufeiniaid ddewis y safle hwn achos ei fod e ar lan afon. Roedd hi'n hawdd cario nwyddau ar yr afon, ac roedd angen llawer o fwyd ar y milwyr. Yng Nghaerllion roedd **llwyth ffyrnig** y Silwres hefyd.

Mae hi'n hawdd deall pam mai Caerllion ydy'r safle **milwrol** pwysicaf o gyfnod y Rhufeiniaid ym Mhrydain. Mae e'n safle mawr, dros 50 **erw**, mewn tair rhan. Yn y canol roedd y pencadlys, a'r lle storio bwyd – digon o fwyd am ddwy flynedd. Roedd **amffitheatr** yno hefyd. Yno byddai dynion yn ymladd â'i gilydd. Roedden nhw hefyd yn ymladd anifeiliaid yno, fel y **blaidd**, yr **arth**, a'r **gath wyllt** ffyrnig.

Caerllion – *Caerleon*	**glanio** – *to land*
rheoli – *to rule, to control*	**Caer** – *Chester*
Rhufeinig – *Roman*	
milwyr troed – *foot soldiers, infantry*	
llwyth – *tribe*	**ffyrnig** – *fierce*
milwrol – *military*	**erw** – *acre*
amffitheatr – *amphitheatre*	**blaidd** – *wolf*
arth – *bear*	**cath wyllt** – *wildcat*

Gwesty'r Westgate, **Casnewydd**

Ar fore 4 Tachwedd 1839 wnaeth pum mil o weithwyr glo a gweithwyr haearn gerdded i ganol Casnewydd. Roedden nhw wedi cerdded yno o **gymoedd** y de i brotestio. Roedden nhw yn erbyn **y drefn wleidyddol**. Roedd llawer o bobl wedi **arwyddo Siarter** yn gofyn am **bleidlais** i bob dyn dros 21 oed. Doedden nhw ddim yn hapus chwaith bod yn rhaid i bob **Aelod Seneddol** fod yn **berchennog tir**. Pobl gyffredin oedd y protestwyr. Roedden nhw'n ymladd dros **ddemocratiaeth**.

Wnaeth y protestwyr gyrraedd Gwesty'r Westgate. Roedd **maer** y dref, Thomas Phillips, yn sefyll y tu allan i'r gwesty. Roedd plismyn a milwyr yn sefyll yno gydag e. Wnaeth y ddwy ochr ddechrau ymladd. Gaeth 28 o **Siartwyr** eu lladd a gaeth 50 ohonyn nhw eu **brifo**. Gaeth maer y dref a dau filwr eu brifo hefyd. Gaeth rhai o **arweinwyr** y Siartwyr eu **hanfon** i Awstralia. Stopiodd y protestio am ddemocratiaeth mewn llawer ardal, ond yn 1842 aeth rhai o'r dynion i **ymuno** â'r Streic Genedlaethol dros y Siarter.

Heddiw, fflatiau ydy adeilad y gwesty, ond mae cerflun o'r Siartwyr y tu allan i'r adeilad. Mae'n bosib gweld **tyllau'r bwledi** yn y wal hefyd.

Casnewydd – *Newport*	**cymoedd** – *valleys*
y drefn wleidyddol – *the political system*	
arwyddo – *to sign*	**siarter** – *charter*
pleidlais – *vote*	
Aelod Seneddol – *Member of Parliament*	
perchennog tir – *land owner*	**democratiaeth** – *democracy*
maer – *mayor*	**Siartwyr** – *Chartists*
brifo – *to hurt, to injure*	**arweinwyr** – *leaders*
anfon – *to send*	**ymuno** – *to join*
tyllau bwledi – *bullet holes*	

Sain Ffagan: Amgueddfa Werin Cymru

Syniad Iorwerth Peate oedd cael amgueddfa **awyr agored** yng Nghymru. Gaeth e'r syniad o **Lychlyn**. Yno mae llawer o amgueddfeydd awyr agored. Gaeth rhai ohonyn nhw eu creu mor bell yn ôl ag 1890. Maen nhw'n dathlu hanes pobl gyfoethog, ac maen nhw hefyd yn dathlu hanes pobl gyffredin. Heddiw, Sain Ffagan ydy **atyniad** twristiaid mwyaf poblogaidd Cymru.

Gaeth Amgueddfa Werin Cymru ei hagor yn 1948. Wnaeth teulu **Iarll** Plymouth roi'r **plasty** hardd o'**r bedwaredd ganrif ar bymtheg**, a'r tir a'r **gerddi**, i'r Amgueddfa Genedlaethol. Doedd hi ddim yn hawdd symud adeiladau yng Nghymru, yn wahanol i Lychlyn, lle mae llawer iawn o'r adeiladau wedi'u gwneud o **bren**.

Yr adeilad cyntaf i gyrraedd oedd **Ffatri Wlân** Esgair Moel. Am y tri deg mlynedd cyntaf, adeiladau o gefn gwlad Cymru oedd yn cael eu **diogelu** a'u rhoi yn Sain Ffagan. Wedyn, yn yr 1980au, wnaeth yr amgueddfa ddechrau casglu adeiladau o'r **ardaloedd diwydiannol**. Erbyn hyn mae dros bedwar deg o adeiladau wedi cael eu tynnu i lawr a'u codi eto yn Sain Ffagan. Mae'r gerddi hefyd yn dweud hanes Cymru. Mae gerddi'r **bonedd**, sy'n llawn o flodau hardd, ond hefyd mae gerddi o gwmpas y **bythynnod** bach, lle roedd gweithwyr yn tyfu bwyd.

Sain Ffagan: Amgueddfa Werin Cymru – *St Fagans National Museum of History*	
gwerin – *folk*	**awyr agored** – *open air*
Llychlyn – *Scandinavia*	**atyniad** – *attraction*
iarll – *earl*	**plasty** – *mansion*
y bedwaredd ganrif ar bymtheg – *the nineteenth century*	
gerddi – *gardens*	**pren** – *wood*
ffatri wlân – *woollen-mill*	**diogelu** – *to protect*
ardaloedd diwydiannol – *industrial areas*	
bonedd – *gentry*	**bythynnod** – *cottages*

Castell Caerdydd

Mae pob math o gestyll yng Nghymru. Mae cestyll i amddiffyn a chestyll i reoli. Dyma gastell hardd sy'n sefyll yng nghanol y brifddinas ac sy'n addurn **yn fwy na dim**.

Pan gaeth **Trydydd Ardalydd** Bute ei eni yn 1848, gaeth e ei ddisgrifio fel y baban mwyaf cyfoethog ym Mhrydain. Roedd ei deulu yn gwneud arian mawr o'r diwydiant glo. Wnaeth e dyfu i fod yn ddyn ifanc gyda diddordeb mawr mewn adeiladau a **phensaernïaeth**. Pan oedd e'n 18 oed wnaeth e gwrdd â William Burges, y pensaer. **Canlyniad** y **briodas** rhwng talent Burges a chyfoeth Bute oedd creu Castell Caerdydd, a hefyd Castell Coch, i'r gogledd o'r ddinas – fel **stori tylwyth teg**, yn wir.

Mae'r ystafelloedd y tu mewn i'r castell yn fendigedig. Maen nhw wedi cael eu paentio a'u haddurno mewn coch, gwyrdd ac aur, gydag anifeiliaid ac adar a cherfluniau o bob math. Un o hoff anifeiliaid Ardalydd Bute oedd y mwnci. Os edrychwch chi'n ofalus, fe welwch chi fod mwncïod ymhob man. Mae dau fwnci uwchben drws y llyfrgell, yn **cweryla** dros lyfr, gan ddod ag ychydig bach o hiwmor i ganol y cyfoeth i gyd. 'Dyn ni'n meddwl am Oes Victoria fel cyfnod **sobr**, ond mae Castell Caerdydd yn dathlu lliw a siâp a llun.

yn fwy na dim – *more than anything*	
Trydydd Ardalydd – *Third Marquess*	
pensaernïaeth – *architecture*	**canlyniad** – *result*
priodas – *marriage*	**stori tylwyth teg** – *fairy tale*
cweryla – *to argue*	**sobr** – *serious, sober*

Neuadd y Ddinas, Caerdydd

Achos y diwydiant glo yn Oes Victoria, roedd arian yn **llifo** drwy Gaerdydd. Roedd y porthladd yn llawn llongau oedd yn cario glo **i bedwar ban byd**.

Wnaeth tref Caerdydd brynu 59 erw o dir oddi wrth y teulu Bute am £159,000 yn 1898 er mwyn creu **canolfan ddinesig**. Dyma ble gaeth Neuadd y Dref ei chodi (doedd Caerdydd ddim yn ddinas tan 1905), y **llysoedd barn** ac Amgueddfa Genedlaethol Cymru. Ynghanol yr adeiladau yma mae Neuadd y Ddinas yn **berl**, gyda thŵr y cloc yn denu'r llygad at y ddraig ffyrnig sydd ar ben y tŵr. Mae cerfluniau ar yr adeilad ymhob man – cerfluniau am gerddoriaeth, **barddoniaeth a gwladgarwch**. Dych chi'n gweld y llythrennau VC (Villa Cardiff) mewn sawl lle hefyd.

Y tu mewn i'r adeilad bendigedig mae neuaddau mawr a **grisiau** hardd. Mae un neuadd yn llawn marmor o Sienna yn yr Eidal. Mae casgliad o gerfluniau o bobl fel Buddug (neu Boudicca), Gerallt Gymro, Llywelyn Fawr, Owain Glyndŵr, Harri Tudur, William Williams, Pantycelyn a Dewi Sant, nawddsant Cymru. Fel rhan o deulu o adeiladau hardd, mae Neuadd y Ddinas yn rhoi calon ddinesig i brifddinas ifanc.

llifo – *to flow*	
i bedwar ban byd – *all over the world*	
canolfan ddinesig – *civic centre*	**llysoedd barn** – *law courts*
perl – *pearl*	**barddoniaeth** – *poetry*
gwladgarwch – *patriotism*	**grisiau** – *stairs*

Y **Deml Heddwch**, Caerdydd

Mae gan Gymru hanes hir o **hyrwyddo** heddwch. Ar ddiwedd yr 1920au wnaeth yr Arglwydd David Davies o Landinam weld bod **cyfle** i wneud hynny. Fe oedd y **diwydiannwr** oedd wedi gwneud ffortiwn o'r diwydiant glo. Wnaeth e greu 'Teml Heddwch' yn **esiampl** i **weddill** y byd. Wnaeth e roi arian mawr i adeiladu'r deml. Wnaeth ei ddwy chwaer, Gwendoline a Margaret, dalu am y dodrefn – ac roedd llawer o ddodrefn! Wnaeth y ddwy ohonyn nhw roi llawer o **baentiadau** gorau **Amgueddfa Genedlaethol Cymru** i'r deml.

Erbyn i'r deml agor ym mis Tachwedd 1938 roedd **byddin** Hitler wedi **meddiannu**'r Sudetenland. Er bod y Prif Weinidog Neville Chamberlain eisiau 'heddwch yn ein cyfnod ni', roedd rhyfel byd arall ar y ffordd.

Gaeth y deml ei hadeiladu o garreg Portland, gyda **theils** o batrwm coch tywyll o'r Eidal ar y to. Mae'r adeilad ar siâp 'T'. Y pensaer oedd Syr Percy Thomas.

Wrth y drws ffrynt mae ffenestr enfawr. Uwchben y ffenestr mae paneli sy'n **cynrychioli Iechyd, Cyfiawnder** a Heddwch. Y tu mewn i'r deml mae neuadd fawr mewn **marmor** golau – symbol arall o heddwch.

O dan y neuadd mae'r Crypt. Yno mae'r **Llyfr Coffa** Cenedlaethol. Yn y llyfr mae 1,100 o ddudalennau gydag enwau 35,000 o ddynion a menywod o Gymru, a hefyd aelodau o **gatrodau** Cymreig, gaeth eu lladd yn y Rhyfel Byd Cyntaf.

teml – *temple*	**heddwch** – *peace*
hyrwyddo – *to promote*	**cyfle** – *chance*
diwydiannwr – *industrialist*	**esiampl** – *example*
gweddill – *the rest*	**paentiadau** – *paintings*
Amgueddfa Genedlaethol Cymru – *National Museum of Wales*	
byddin – *army*	**meddiannu** – *to seize*
teils – *tiles*	**cynrychioli** – *to represent*
iechyd – *health*	**cyfiawnder** – *justice*
marmor – *marble*	**llyfr coffa** – *book of remembrance*
catrodau – *regiments*	

Y Deml Heddwch, Caerdydd

Y Senedd, Bae Caerdydd

Y Senedd, Bae Caerdydd

Mae **Senedd Cymru** yn symbol o'r Gymru newydd. Yn 1997 gaeth pobl Cymru y cyfle i **bleidleisio o blaid** neu yn erbyn sefydlu Cynulliad i Gymru. Roedd y canlyniad yn agos iawn, gyda 559,419 yn dweud 'Ie' a 552,698 yn dweud 'Na'. Roedd Machynlleth, Abertawe a Wrecsam eisiau i adeilad y Cynulliad fod yn eu tref nhw, ond Caerdydd oedd y dewis. Aeth y Cynulliad i gartref **dros dro** yng Nghaerdydd, sef Tŷ Crucywel.

Syr Richard Rogers gynlluniodd yr adeilad newydd – adeilad agored gyda llawer o wydr a llechi a dur. Gaeth yr adeilad ei agor yn 1999. Adeilad newydd, mileniwm newydd! Mae'r adeilad yn edrych dros gronfa **ddŵr croyw** Bae Caerdydd a'r **morglawdd** newydd. Yn 2020 fe newidwyd enw'r Cynulliad Cenedlaethol i Senedd Cymru. Un o **gymdogion** y Senedd ydy Canolfan Mileniwm Cymru. Ar adeilad Canolfan y Mileniwm mae cerdd mewn **llythrennau** enfawr – rhai o'r rhai mwyaf yn y byd. Geiriau Gwyneth Lewis ydy 'Creu **gwir** fel gwydr o **ffwrnais awen**', ac yn Saesneg, 'In these stones horizons sing'. Geiriau bendigedig i orffen y llyfr yma.

Y Senedd, Bae Caerdydd – Y Senedd (Parliament), Cardiff Bay	
pleidleisio – to vote	**o blaid** – in favour of
dros dro – temporary	**dŵr croyw** – fresh water
morglawdd – barrage	**cymdogion** – neighbours
llythrennau – letters	**gwir** – truth
ffwrnais – furnace	**awen** – inspiration

Geirfa

abaty – *abbey*
Aberhonddu – *Brecon*
adfail – *a ruin*
addas – *suitable*
addo – *to promise*
addoldy – *place of worship*
addysg – *education*
Aelod Seneddol – *Member of Parliament*
afon Gwy – *River Wye*
afon Hafren – *River Severn*
angladd – *funeral*
allforio – *to export*
amddiffyn – *to defend*
amffitheatr – *amphitheatre*
Amgueddfa Genedlaethol Cymru – *National Museum of Wales*
Amgueddfa Hanes Naturiol – *Natural History Museum*
amgueddfa lechi – *slate museum*
amryliw – *multicoloured*
anfon – *to send*
ar y ffin â – *on the border with*
archeolegydd – *archaeologist*
ardal – *area*
ardaloedd diwydiannol – *industrial areas*
arfau – *weapons*
arfordir – *coastline*
arglwydd – *lord*
arlunydd (arlunwyr) – *artist(s)*
arth – *bear*
arwain – *to lead*
arweinwyr – *leaders*
arwr (arwyr) – *hero(es)*
arwyddo – *to sign*
atgoffa – *to remind*

atyniad – *attraction*
awen – *inspiration*
awgrymu – *to suggest*
awyr agored – *open air*

barddoniaeth – *poetry*
bathu – *to mint*
becws – *bakehouse*
bedd – *grave*
blaidd – *wolf*
bonedd – *gentry*
brenhinol – *royal*
breuddwyd – *dream*
brifo – *to hurt, to injure*
brwydro – *to fight*
Brycheiniog – *Breconshire*
bryngaer – *hill fort*
bwrdd du – *blackboard*
bwriad – *intention*
bwriadu – *to intend*
bwyeill – *axes*
byddin – *army*
bythynnod – *cottages*

Caer – *Chester*
Caerllion – *Caerleon*
camlas (camlesi) – *canal(s)*
canlyniad – *result*
Canol Oesoedd – *Middle Ages*
canolfan ddinesig – *civic centre*
canrifoedd – *centuries*
casgliad – *collection*
casglwr – *collector*
Casnewydd – *Newport*
catrodau – *regiments*
cath wyllt – *wildcat*
cenedl – *nation*

cenedlaethol – *national*

cerdd(i) – *poem(s)*

cerflun(iau) – *statue(s)*

cerrig beddi – *gravestones*

cestyll – *castles*

cewri – *giants*

cipio – *to seize*

cloddio – *to excavate*

clychau – *bells*

coed ynn – *yew trees*

cofeb – *memorial*

colled – *loss*

colli gafael – *to lose control*

coron – *crown*

coroni – *to crown, coronation*

cregyn – *shells*

creigiau – *rocks*

creu – *to create*

Cristion – *a Christian*

Cristnogol – *Christian*

cromlech – *prehistoric tomb*

cronfa ddŵr – *water reservoir*

crwn – *round*

cryfhau – *to strengthen, to reinforce*

cryno-ddisgiau – *compact discs*

cweryla – *to argue*

cwnstabl – *constable*

cwymp – *fall*

cychod – *boats*

cyfiawnder – *justice*

cyfle – *chance*

cyflenwad – *supply*

cyflogi – *to employ*

cyfnod – *period*

cyfraith – *law*

cyfraniad – *contribution*

cyfrannu – *to donate*

cyfreithiwr (cyfreithwyr) – *lawyer(s)*

cyfrifol – *responsible*

cyfuno – *to combine*

cyffredin – *common*

cyhoeddi – *to proclaim; to publish*

cymdogion – *neighbours*

cymoedd – *valleys*

cymysgedd – *mixture*

cynharaf – *earliest*

cynhyrchu – *to produce*

cynllunio – *to design, to plan*

cynnal – *to maintain, to sustain*

cynrychioli – *to represent*

cysgod – *shadow*

cysylltiad – *connection*

cysylltu – *to connect, to associate*

cytundeb – *contract, agreement*

chwarel – *slate quarry*

chwyddo – *to swell*

darganfod – *to discover*

datblygu – *to develop*

de Cymru – *south Wales*

de-ddwyrain – *south-east*

democratiaeth – *democracy*

denu – *to attract*

dewis – *choice; to choose*

dewr – *brave*

diflannu – *to disappear*

dinistrio – *to destroy*

diogel – *safe*

diogelu – *to protect*

dirywio – *to decline*

disgrifio – *to describe*

diwydiannwr – *industrialist*

diwydiant glo – *coal industry*

diwydiant llechi – *slate industry*

dod i ben – *to come to an end*

does dim rhyfedd – *it's no wonder*

dofi – *to tame, to domesticate*

dominyddu – *to dominate*

dros dro – *temporary*

drwy gydol y flwyddyn – *throughout the year*
dur – *steel*
dwfn – *deep*
dŵr croyw – *fresh water*
dwyn – *to steal*
dwyrain – *east*
dychmygu – *to imagine*
dyddio – *to date*
dyled – *debt*
dynol – *human*

edmygu – *to admire*
effaith – *effect*
effeithiol – *effective*
eglwys gadeiriol – *cathedral*
Eglwys yr Holl Eneidiau – *All Saints' Church*
Eidalaidd – *Italianate*
enfawr – *enormous*
enwi – *to name*
erw – *acre*
Eryri – *Snowdonia*
eryrod – *eagles*
esgob – *bishop*
esgyrn – *bones*
esiampl – *example*

ffatri wlân – *woollen-mill*
Ffrengig – *French*
ffwrnais – *furnace*
ffyrnig – *fierce*

gafr – *goat*
galwyn(i) – *gallon(s)*
gefail – *smithy*
gelyn – *enemy*
gem – *jewel*
ger – *near, close to*
gerddi – *gardens*

gerllaw – *nearby*
glan(nau) – *bank(s) of a lake or river*
glanio – *to land*
glo – *coal*
glöwr – *miner*
gogledd-ddwyrain – *north-east*
gogledd-orllewin – *north-west*
gorllewin – *west*
grisiau – *stairs*
grug – *heather*
gwahoddiad – *invitation*
gwarchae – *siege*
gwarchod – *to protect*
gwartheg – *cattle*
gweddill – *the rest*
gweddïo – *to pray*
gweision – *servants*
gweithdai – *workshops*
gweithwyr – *workers*
gwell cyflwr – *better condition*
gwenyn – *bees*
gwerin – *folk*
gwerthfawr – *valuable*
gwesty – *hotel*
gweu – *to intertwine*
gwir – *truth*
gwladgarwch – *patriotism*
gwrthryfel – *rebellion*
gwyngalchog – *whitewashed*
gwyrth – *miracle*
gyda'r gorau – *one of the best*

haearn – *iron*
haeddu – *to deserve*
haen(au) – *vein(s), layers(s)*
hanesydd – *historian*
hardd – *beautiful*
harddwch – *beauty*
hawliau – *rights*
heddwch – *peace*

Hendy-gwyn – *Whitland*
hollti – *to split*
hudol – *magical*
hufenfa – *dairy*
hwnt ac yma – *here and there*
hynaf – *eldest, oldest*
hynod – *remarkable, special*
hyrwyddo – *to promote*

i bedwar ban byd – *all over the world*
iarll – *earl*
iechyd – *health*
ifancaf – *youngest*

lafant – *lavender*
lefel y môr – *sea level*

llawysgrif(au) – *manuscript(s)*
llechi – *slates*
lleoliad – *location*
llifo – *to flow*
lliwio – *to colour*
llwyddiant – *success*
llwyddo – *to succeed*
llwyth – *tribe*
Llychlyn – *Scandinavia*
llyfr coffa – *book of remembrance*
llygoden eglwys – *church mouse*
llysoedd barn – *law courts*
llythrennau – *letters*
llywodraeth – *government*

maer – *mayor*
maes glo – *coalfield*
maint – *scale*
mannau gwledig – *rural places*
marchogaeth – *to ride*
marmor – *marble*
mawreddog – *majestic*
meddiannu – *to seize*

meistri haearn – *ironmasters*
menter – *venture*
Methodistiaid Calfinaidd – *Calvinist Methodists*
miliynau – *millions*
milwrol – *military*
milwyr – *soldiers*
milwyr troed – *foot soldiers, infantry*
morglawdd – *barrage*
muriau – *walls*
mwyngloddiwr – *miner*
mynachdy – *monastery*
mynachod Sistersaidd – *Cistercian monks*
mynedfa – *entrance*
mynwent – *cemetery*
mynydd(oedd) – *mountain(s)*

naddu – *to carve*
nawddsant – *patron saint*
naws – *atmosphere*
newyddiadurwr – *journalist*
Normaniaid – *Normans*
nwyddau – *goods*
nyth – *nest*

o blaid – *in favour of*
OC (Oed Crist) – *AD (Anno Domini)*
ochr yn ochr – *side by side*
oddi tani/tano – *underneath it*
oedfa(on) – *religious service(s)*
oes aur – *golden age*
Oes Haearn – *Iron Age*
ogof – *cave*
olion – *remains*

paentiadau – *paintings*
parch – *respect*
Parchedig – *Reverend*
parchu – *to respect*

peiriant – *machine*
pencadlys – *headquarters*
penderfynu – *to decide*
Penrhyn Gŵyr – *Gower Peninsula*
pensaer – *architect*
pensaernïaeth – *architecture*
Pen-y-fai – *Paviland*
perchen tir – *landownership*
perchennog – *owner*
perchennog tir – *land owner*
perl – *pearl*
persawr – *perfume*
pert – *pretty*
peryglus – *dangerous*
petryal – *rectangle*
pileri – *pillars*
pioden – *magpie*
planhigion – *plants*
plasty – *mansion*
pleidlais – *vote*
pleidleisio – *to vote*
plwm – *lead*
plwyf – *parish*
poblogaeth – *population*
pori – *to graze*
portreadau – *portraits*
porthladd(oedd) – *port(s)*
pregeth – *sermon*
pregethu – *to preach*
pren – *wood*
pridd – *soil*
prifysgol – *university*
Prifysgol Rhydychen – *Oxford University*
prin – *rare*
priodas – *marriage*
profi – *to prove*
prosesu – *to process*
prysurdeb – *bustle*
pŵer – *power*

pwll glo – *coal mine*
pwyllgor – *committee*

rheiliau – *railings*
rheoli – *to rule, to control*
rheswm – *reason*
Rhufain – *Rome*
Rhufeiniaid – *Romans*
rhydd – *free*
rhyfeddol – *amazing*
Rhyfel y Rhosynnod – *Wars of the Roses*
Rhyfelgyrch Gwŷr Harlech – *March of the Men of Harlech*

safle – *site*
Sain Ffagan: Amgueddfa Werin Cymru – *St Fagans National Museum of History*
Saith Rhyfeddod Cymru – *Seven Wonders of Wales*
sawl – *several*
sef – *namely*
sefydliadau crefyddol – *religious establishments*
sefydlu – *to establish*
senedd-dy – *parliament*
serth – *steep*
sgerbwd (sgerbydau) – *skeleton(s)*
sianel – *channel*
siarter – *charter*
Siartwyr – *Chartists*
silffoedd – *shelves*
sobr – *serious, sober*
stad – *estate*
stori tylwyth teg – *fairy tale*
swyddogol – *official*

technoleg – *technology*
teg – *fair*

teils – *tiles*
teithiwr – *traveller*
teml – *temple*
teyrnas – *kingdom*
tir – *land*
tirlun – *landscape*
toddi – *to smelt*
tollty – *toll-house*
traffordd – *motorway*
traphont ddŵr – *aqueduct*
trawiadol – *striking*
trin gwlân – *to treat wool*
troedfedd – *foot (measurement)*
trwyn – *promontory*
Trydydd Ardalydd – *Third Marquess*
trysor – *treasure*
tunnell – *ton*
twristiaid – *tourists*
tyllau bwledi – *bullet holes*
Tyndyrn – *Tintern*
tyrau – *towers*
tywysog(ion) – *prince(s)*

uchder – *height*
uchel siryf – *high sheriff*
uno – *to unite*
Unol Daleithiau America – *United States of America*
utgorn – *trumpet*
uwchben – *above*

y bedwaredd ganrif ar bymtheg – *the nineteenth century*
y blaned Mawrth – *the planet Mars*
y bymthegfed ganrif – *the fifteenth century*
y Cymry – *the Welsh people*

y chweched ganrif – *the sixth century*
y drefn wleidyddol – *the political system*
y drydedd ganrif ar ddeg – *the thirteenth century*
y ddeuddegfed ganrif – *the twelfth century*
y ddeunawfed ganrif – *the eighteenth century*
y llynges – *the navy*
y Rhyfel Byd Cyntaf – *First World War*
Y Senedd , Bae Caerdydd – *Y Senedd (Parliament), Cardiff Bay*
ymerawdwr – *emperor*
ymgyrch – *campaign*
ymhob man – *everywhere*
ymladd – *to fight*
ymosod ar – *to attack*
ymuno – *to join*
yn erbyn – *against*
yn fwy na dim – *more than anything*
yn gryno – *briefly, concisely*
yn hanesyddol – *historically*
yn hwyrach – *later*
Ynys Bŷr – *Caldey Island*
ynysig – *isolated*
yr Eidal – *Italy*
yr Oes Efydd – *the Bronze Age*
yr ugeinfed ganrif – *the twentieth century*
yr un peth – *the same thing*
yr un pryd â – *at the same time as*
yr unfed ganrif ar bymtheg – *the sixteenth century*
ysbrydoliaeth – *inspiration*
ysgraff – *barge*